MISSION MENTAL ENDURANCE

DE MIGHTY MIND WARRIOR

© 2024 Alain Biankeu

Verlag: BoD · Books on Demand GmbH, In de Tarpen 42,
22848 Norderstedt
Druck: Libri Plureos GmbH, Friedensallee 273,
22763 Hamburg

Pour toute question ou suggestion :

www.mightymindwarrior.ch

1. Édition 2024
ISBN 978-3-7693-0118-2

Autres informations disponibles sur notre site.
www.mightymindwarrior.ch

www.instagram.com/mightymindwarrior

TABLE DES MATIÈRES

1.
INTRODUCTION

Entraînement Mental pour les Forces Armées : Bien Plus Qu'une Simple Amélioration de la Condition Physique

L'entraînement mental militaire ne se limite pas à l'augmentation de la condition physique. Il englobe une multitude de compétences et de techniques visant à renforcer la résilience mentale et émotionnelle dans des conditions extrêmes. Parmi les composantes clés de cet entraînement figurent les compétences tactiques, la prise de décision sous stress, les techniques de survie et la promotion du travail d'équipe efficace.

La capacité à prendre des décisions rapides et précises sous pression est cruciale. De même, conserver son sang-froid est indispensable. Cela requiert une force mentale particulière et une grande résilience, développées par un entraînement intensif et des exercices ciblés.

Le travail d'équipe joue également un rôle essentiel dans l'entraînement mental et tactique, nécessitant une forte constitution mentale et une résilience psychologique profonde.

Cependant, ce plan spécifique met l'accent sur l'amélioration de la condition physique et de la résilience mentale. Grâce à des exercices et des séances d'entraînement ciblés, les participants apprendront à repousser leurs limites physiques tout en développant et en consolidant leur dureté mentale.

Il est important de noter que les unités spéciales suivent une formation très spécifique et complète sous surveillance experte. Le plan d'entraînement présenté ici doit être considéré comme un point de départ et un complément à cette formation spécialisée, visant à construire une base solide pour l'endurance physique et mentale

DEVENEZ FORT - AVEC MIGHTY MIND WARRIOR!

2.

ÉCHAUFFEMENT ET REFROIDISSEMENT

ÉCHAUFFEMENT

PAS D'EXCUSE ; L'ÉCHAUFFEMENT EST OBLIGATOIRE

Pour exploiter pleinement votre potentiel et éviter les blessures, un programme d'échauffement dynamique de 2 à 5 minutes avant chaque séance d'entraînement est essentiel. Voici les principales raisons pour lesquelles vous ne devriez jamais négliger l'échauffement :

1. **Préparation du corps** : Un bon échauffement prépare tout votre corps à l'activité à venir et vous permet de performer de manière optimale.

2. **Préparation des muscles** : Vos muscles reçoivent la circulation sanguine nécessaire et deviennent flexibles pour travailler de manière efficace et éviter les blessures.

3. **Prévention des blessures** : Un échauffement approfondi réduit le risque de blessures telles que les élongations et les surcharges articulaires.

4. **Optimisation des performances et de la récupération** : Votre corps devient plus performant et récupère plus rapidement, ce qui augmente l'efficacité de votre entraînement.

5. **Augmentation de la fréquence cardiaque** : L'augmentation de la fréquence cardiaque prépare en douceur votre système cardiovasculaire à l'intensité de l'entraînement.

6. **Amélioration de la flexibilité** : L'échauffement améliore la flexibilité, vous permettant d'exécuter les exercices de manière plus efficace et plus sûre.

En résumé, un échauffement efficace prépare non seulement votre corps et vos muscles à l'entraînement, mais augmente également l'efficacité de votre séance d'entraînement et soutient vos objectifs de remise en forme à long terme.

Cela est particulièrement important pour les exercices plyométriques.

Les possibilités d'échauffement sont infinies :

- **Levées de jambes** : Soulevez vos jambes alternativement pour préparer vos muscles des jambes et vos fléchisseurs de hanche à l'entraînement.

- **Course légère** : Courez à une allure modérée pour stimuler votre circulation sanguine et réchauffer vos muscles des jambes.

- **Course légère sur place** : Si vous manquez d'espace, courir sur place est une excellente alternative.

- **Squats légers** : Effectuez des squats moins intenses pour activer vos muscles des cuisses et vous préparer à des charges plus intenses.

- **Saut à la corde** : Une façon dynamique de mettre tout votre corps en mouvement et de stimuler votre système cardiovasculaire.

- **Extensions de jambes dynamiques** : Mouvements flexibles et puissants des jambes, principalement pour solliciter les muscles des cuisses et des hanches.

- **Étirements dynamiques des bras** : Étirez vos bras de manière dynamique pour préparer vos épaules et vos bras à l'entraînement.

- **Cercles avec les bras :** Faites des cercles avec vos bras pour mobiliser et réchauffer vos muscles des épaules et des bras.

- **Sauts en étoile** : Un excellent exercice pour stimuler le système cardiovasculaire et échauffer les grands groupes musculaires.

- **Fentes** : Avec ces mouvements de pas, vous activez vos muscles des jambes et des fesses.

- **Exercices cardio légers** : Des activités cardio simples telles que la course légère, la marche ou le sautillement.

- **Étirements dynamiques** : Des étirements en mouvement qui améliorent votre flexibilité et préparent vos muscles à l'effort à venir.

- **Cercles avec les épaules** : Faites pivoter votre haut du corps en mouvements de rotation doux pour mobiliser votre colonne vertébrale et votre sangle abdominale.

- **Course légère** : Une course lente pour préparer votre corps en douceur à l'entraînement.

- **Rotation des hanches** : Faites des cercles avec vos hanches pour améliorer la flexibilité et la mobilité dans cette zone.

- **Exercices de détente légers** : Des mouvements simples pour préparer tout votre corps à l'activité principale.

- **Balancements des jambes** : Balancez vos jambes vers l'avant et vers l'arrière pour échauffer les muscles et les articulations des membres inférieurs.

- **Cercles avec les épaules** : Effectuez des cercles avec vos épaules pour soulager les tensions et réchauffer vos muscles des épaules.

- **Rotations du corps** : Tournez doucement votre haut du corps d'un côté à l'autre pour mobiliser vos muscles du tronc.

- **Planches légères** : Une version modifiée des planches pour activer et stabiliser votre ceinture abdominale.

- **Marche sur place** : Une méthode simple pour mettre tout votre corps en mouvement avec peu d'espace.

REFROIDISSEMENT

Chaque séance d'entraînement doit toujours se terminer par une phase de récupération appropriée de quelques minutes. Cette phase a pour objectif de :

- favoriser l'étirement musculaire

- stabiliser la fréquence cardiaque

- réduire le risque de blessures

- optimiser la récupération

- augmenter l'efficacité de l'entraînement

- étirer et détendre les muscles sollicités

- soutenir la récupération musculaire

- préparer les muscles à l'effort suivant

- améliorer la flexibilité

- réduire le temps de récupération

Pour une brève phase de récupération, les activités suivantes sont particulièrement recommandées :

- **Étirements** : En étirant vos muscles, vous améliorez leur flexibilité et favorisez la circulation sanguine.

- **Exercices d'étirement** : Des exercices spécifiques d'étirement aident à soulager les tensions musculaires et à augmenter la mobilité.

- **Course légère** : Un jogging lent ou une course détendue aide à diminuer progressivement la fréquence cardiaque et favorise la circulation sanguine.

- **Marche** : Une promenade modérée peut également aider à normaliser la fréquence cardiaque et à détendre les muscles.

- **Yoga ou Pilates** : Des exercices doux de yoga ou de Pilates favorisent la relaxation musculaire et la flexibilité.

- **Auto-massage avec un rouleau en mousse** : En utilisant un rouleau en mousse, vous pouvez soulager les tensions et masser les muscles.

- **Exercices de respiration** : La respiration consciente peut contribuer à calmer le système nerveux et à favoriser la détente.

- **Exercices de gymnastique douce** : Des mouvements agiles tels que des cercles avec les bras ou des flexions de hanches aident à ralentir progressivement votre corps.

RÉGÉNÉRATION

Après des séances d'entraînement plus intensives, il est important de prévoir suffisamment de temps pour récupérer. Adaptez le temps de repos à votre niveau de condition physique actuel pour obtenir des résultats optimaux et vous préparer pour la semaine suivante.

Cependant, un jour de repos ne signifie pas "ne rien faire". Bien sûr, une inactivité totale est possible, mais il est préférable d'opter pour des activités de récupération active, c'est-à-dire des activités légères.

Pendant les jours de récupération, n'effectuez pas d'exercices de haute intensité, mais pratiquez des mouvements doux pour détendre vos muscles, favoriser la circulation sanguine et soutenir la récupération.

Vous pouvez pratiquer les activités suivantes pour la récupération :

- Exercices de respiration
- Routines de mobilité légères (par exemple, exercices de mobilité ou entraînement de mobilité)

- Entraînement cardio léger (par exemple, course détendue, vélo léger)

- Exercices d'étirement (par exemple, étirements doux)

- Yoga ou Pilates doux

- Promenades ou marche légère

- Qigong

- Entraînement mental ou mindfulness

- Méditation en mouvement doux

- Mouvements tactiques (par exemple, roulements, rampements)

- Natation

- Randonnée

- Exercices de relaxation profonde

HYDRATATION, NUTRITION

Veillez à boire suffisamment d'eau, à vous nourrir de manière équilibrée et à dormir suffisamment pour obtenir les meilleurs résultats de votre entraînement. Une bonne hydratation et une alimentation équilibrée sont essentielles pour optimiser votre performance et votre récupération. La combinaison d'une hydratation adéquate, d'une alimentation saine et d'un sommeil réparateur soutient votre performance physique et vous aide à mieux faire face aux exigences physiques.

Ces mesures permettent à vos muscles de récupérer et de devenir plus forts.

N'oubliez pas :

1. Buvez suffisamment d'eau chaque jour.
2. Mangez de manière équilibrée.
3. Accordez-vous suffisamment de sommeil.

Pour en savoir plus, consultez notre livre „Mission Nutrition".

RESPIRATION

GUIDE POUR UNE OXYGÉNATION OPTIMALE ET L'ENDURANCE

Importance de la respiration : Une respiration régulière et profonde est essentielle pour fournir à votre corps une oxygénation optimale pendant l'entraînement et soutenir les performances d'endurance. Ne négligez pas la respiration ; une respiration contrôlée favorise l'apport d'oxygène et le contrôle musculaire.

Technique respiratoire de base :

- Respirez profondément et régulièrement pour soutenir vos muscles et votre endurance.

- Utilisez un cycle respiratoire rythmé : Inspirez par le nez et expirez par la bouche.

- Maintenez ce rythme tout au long de l'exercice.

Respiration lors de phases d'entraînement spécifiques :

- **Étirements** : Respirez profondément et régulièrement pour détendre votre corps et fournir de l'oxygène aux muscles.

- **Entraînement de force** : Inspirez lorsque vous soulevez les jambes et expirez lorsque vous soulevez les hanches. Pour les exercices du haut du corps, inspirez en étendant le bras et la jambe et expirez en ramenant le bras et la jambe en position de départ.

- **Exercices intensifs** : Gardez une respiration profonde et régulière, même à haute intensité. Inspirez lorsque vous sautez et expirez lorsque vous atterrissez.

Synchronisation avec le mouvement :

- **Respiration liée au mouvement :** Inspirez lorsque vous vous abaissez et expirez lorsque vous vous poussez vers le haut. Cela aide à optimiser l'afflux sanguin et l'apport en oxygène aux muscles en travail.

- **Mouvements latéraux** : Respirez lorsque vous revenez au centre et expirez lorsque vous vous déplacez latéralement.

Respiration régulière sous stress : Il est également important de maintenir une respiration contrôlée et régulière même pendant un effort intense pour assurer un apport maximal d'oxygène.

Exercices pratiques pour la technique respiratoire :

- Évitez une respiration irrégulière en vous concentrant sur un rythme respiratoire régulier.

- Coordonnez votre respiration avec les mouvements pour augmenter l'efficacité de l'exercice et activer les muscles de manière optimale.

En suivant ces conseils sur la technique respiratoire, vous soutenez non seulement vos performances physiques, mais vous renforcez également votre résistance mentale et votre endurance.

3.

SEMAINE 1: ÉTABLIR LES BASES

Jour 1:
Endurance

- Course de 5 km à allure modérée

Jour 2:
Force & Mobilité

- 3 séries de 15 pompes
- 3 séries de 20 squats
- 3 séries de 10 burpees
- 10 minutes de yoga ou d'étirements

Jour 3:
Récupération active

- 30 minutes de marche ou de course légère

- Méditation ou exercices de pleine conscience (10 minutes)

Jour 4:
HIIT & Core

- 20 secondes de High Knees, 10 secondes de pause (8 rounds)
- 3 séries de 30 secondes de planche
- 3 séries de 20 Mountain Climbers

Jour 5:
Endurance & Méditation

- Course de 5 km, dernier kilomètre à allure soutenue
- Méditation ou exercices de respiration (15 minutes)

Jour 6:
Intervalles & Souplesse

- Intervalles : 1 minute de sprint, 1 minute de marche (10 rounds)
- 15 minutes d'étirements ou de yoga

Jour 7:
Jour de repos

- Pas d'exercices prévus, les promenades légères sont autorisées

- Pratique de la pleine conscience ou écriture de journal pour réfléchir sur la semaine

4.

SEMAINE 2: AUGMENTER L'INTENSITÉ

Répétez la semaine 1, mais augmentez l'intensité de la course, ajoutez des séries aux exercices de force et prolongez les séances de méditation de 5 minutes chacune.

5.
SEMAINE 3: ENDURANCE ET RÉSILIENCE

Jour 1 & 4:
Courses longues

- Course de 8-10 km à allure modérée

Jour 2 & 5:
Force et Endurance

- 5 séries de 20 pompes
- 5 séries de 30 squats
- 5 séries de 15 burpees

Jour 3:
Récupération active

- 40 minutes de vélo ou de natation

- 20 minutes de méditation ou d'exercices de pleine conscience

Jour 6:
Défi toute la journée

- Effectuez une randonnée de plusieurs heures, en incluant terrain et nature.

Jour 7:
Jour de repos

- Repos complet, mais continuez la méditation ou les exercices de pleine conscience

6.

SEMAINE 4: ADAPTATION AU STRESS ET RÉFLEXION

Jour 1, 3 & 5:
HIIT & Force

- Sprints alternés et pompes (10 rounds : 30 secondes de sprint, 15 secondes de pause, 15 pompes)
- Entraînement du core avec différentes variantes de planche

Jour 2 & 4:
Endurance

- Course de 10 km dans des zones naturelles, pour renforcer la résilience mentale

Jour 6:
Test mental

- Effectuez une tâche physique difficile (ex: fendre du bois, pelleter de la neige) pendant plusieurs heures.

- Effectuez en même temps des exercices de résilience mentale en répétant des mantras positifs ou en résolvant des tâches de réflexion complexes.

Jour 7:
Jour de repos & Évaluation

- Temps de récupération complet et auto-réflexion sur les progrès du mois

- Planification du mois suivant en fonction des résultats obtenus

7.

EXPLICATIONS DES EXERCICES INDIVIDUELS

BURPEE

L e Burpee est un exercice complet qui renforce la force et l'endurance et est souvent utilisé dans l'entraînement par intervalles de haute intensité (HIIT). C'est un exercice qui regroupe plusieurs éléments de mouvement en une séquence fluide. Le Burpee est connu pour être très exigeant et pour augmenter rapidement le rythme cardiaque, ce qui en fait un exercice très efficace pour l'entraînement cardiovasculaire.

Voici comment faire un Burpee correctement :

- Position de départ :
  Tenez-vous droit avec les pieds écartés à la largeur des épaules. Vos bras sont le long du corps.

- Squat :
  Pliez les genoux et descendez en position accroupie tout en tendant les bras devant vous.

- Main au sol :
  Placez vos mains sur le sol devant vos pieds, à environ la largeur des épaules.

- Saut en arrière :
  Sautez en arrière avec les deux pieds pour vous retrouver en position de pompe (planche). Votre corps doit former une ligne droite de la tête aux pieds.

- Pompe :
  Pour une variante plus difficile, effectuez une pompe à ce stade.

- Saut en avant :
  Sautez vers l'avant à partir de la position de pompe et ramenez vos pieds vers vos mains.

- Accroupissement jusqu'à la position debout :
  Revenez de la position accroupie à la position debout.

- Saut final :
  À partir de la position debout, faites un saut explosif vers le haut et applaudissez au-dessus de votre tête avec les mains.

C'est un Burpee. Pour un entraînement, vous pouvez enchaîner plusieurs Burpees les uns après les autres en séries ou les inclure dans un entraînement par intervalles.

Le Burpee et l'Endurance Mentale

Le burpee exige une grande endurance mentale car il est extrêmement exigeant tant sur le plan physique que psychologique. Voici quelques raisons pour lesquelles le burpee met à l'épreuve vos capacités mentales:

1. **Haute Intensité**
   Le burpee est bien connu pour son intensité. Cet exercice combine plusieurs mouvements – squat, planche, pompe et saut – en une séquence fluide qui sollicite l'ensemble du corps. Cette intensité pousse rapidement les coureurs à

leurs limites physiques, nécessitant une force mentale importante pour persévérer.

2. **Contrôle de la Respiration**

Lors des burpees, la fréquence respiratoire augmente rapidement, et il est souvent difficile de garder le contrôle de sa respiration. Se concentrer consciemment sur une respiration régulière, même lorsque le corps est sous une haute pression, nécessite une discipline mentale rigoureuse.

3. **Surmonter l'Épuisement**

Pendant des entraînements à haute intensité comme le burpee, le corps atteint rapidement ses limites de performance, et le sentiment d'épuisement s'installe rapidement. La capacité à continuer, même lorsque le corps réclame une pause, est un vrai défi pour l'esprit.

4. **Maintenir les Répétitions**

Les burpees se composent généralement de plusieurs séries et répétitions à enchaîner. Cela demande une endurance mentale considérable pour rester concentré et exécuter chaque répétition avec un effort maximal, même lorsque la fatigue augmente.

5. **Franchir les Obstacles Mentaux**

Même les athlètes expérimentés rencontrent des obstacles mentaux en plein entraînement – des pensées négatives comme "Je ne peux plus continuer" ou "Je suis à bout" surgissent. L'endurance mentale signifie surmonter ces pensées et continuer malgré tout.

Le burpee n'est pas seulement une exercice physiquement exigeant, il met également à l'épreuve notre endurance mentale. Combattre l'épuisement, maintenir plusieurs séries et répétitions, et surmonter les obstacles mentaux font du burpee un entraînement excellent pour la dureté mentale et physique. En intégrant cet exercice régulièrement dans votre entraînement, vous renforcez non seulement votre corps, mais aussi votre esprit – un avantage indispensable pour tout type d'entraînement tactique et de préparation mentale.

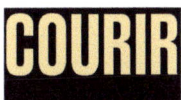

L'Importance de la Course à Pied pour Renforcer l'Endurance Mentale

La course à pied n'est pas seulement une excellente manière d'améliorer la condition physique ; elle offre également une plateforme idéale pour renforcer l'endurance mentale – un élément essentiel de tout entraînement tactique. La capacité à surmonter des défis physiques et psychologiques est particulièrement cruciale pour les unités militaires et les activités extrêmes. Dans cet article, nous explorerons les avantages et les stratégies de la course à pied sur des distances de 5 km et de 8-10 km pour favoriser l'endurance mentale.

Pourquoi Courir?

La course à pied offre une multitude de bénéfices, non seulement pour le corps – en améliorant la condition cardiovasculaire, la force musculaire et l'endurance – mais également pour l'esprit. L'effet "Runner's High", un état où le cerveau libère des endorphines, procure aux coureurs une sensation d'euphorie et de liberté face au stress. Ces avantages psychologiques sont particulièrement importants lorsqu'il s'agit de renforcer la résilience mentale.

Course de 5 km : La Base de l'Endurance Mentale

Courir 5 km est une excellente opportunité pour établir les bases de l'endurance mentale. Bien que cette distance soit accessible, elle requiert néanmoins de la discipline et de la concentration.

Conseils pour une Course de 5 km :

- **Fixer des Objectifs** :
  Définissez des objectifs clairs, comme une certaine durée ou la réalisation de la distance sans pauses. Ces objectifs aident à maintenir le focus et la motivation.

- **Préparation Mentale** :
  Visualisez votre course avant de commencer. Imaginez-vous en train de parcourir la distance avec succès.

- **Gestion du Tempo** :
  Commencez à un rythme modéré et augmentez progressivement votre allure. Cela permet d'éviter la surexertion et de développer l'endurance mentale.

- **Concentration sur la Respiration** :
  Adoptez une technique respiratoire consciente qui peut aider à maintenir le focus et à renforcer la force mentale.

Course de 8-10 km : Intensification de l'Endurance et des Capacités Tactiques

Courir sur des distances plus longues comme 8-10 km demande une endurance physique accrue ainsi que des compétences mentales robustes. Cette distance équilibre parfaitement le défi physique et la nécessité de développer des stratégies mentales efficaces.

En intégrant la course à pied dans votre routine, vous ne renforcez pas seulement votre corps, mais aussi votre esprit. La course sur des distances variées vous aide à établir des bases solides d'endurance mentale, tout en améliorant continuellement vos capacités à surmonter les défis, un atout indispensable dans toute préparation tactique et mentale.

Que vous soyez débutant ou athlète chevronné, la course à pied est une méthode éprouvée pour améliorer à la fois votre condition physique et votre résilience mentale. Commencez dès aujourd'hui et découvrez les bienfaits de cette pratique complète et enrichissante.

5 Aspects Clés pour Améliorer Votre Endurance Mentale en Courant

1. Objectifs Intermédiaires : Diviser le Parcours en Sections

- Courir de longues distances peut sembler accablant, surtout si l'on se concentre uniquement sur l'objectif final. Une méthode efficace pour y remédier est de fixer des objectifs intermédiaires mentaux. Divisez le parcours en sections plus petites, par exemple en intervalles de 1 km ou en utilisant des points de repère le long du chemin.

- Au lieu de vous concentrer sur la distance totale de 8-10 km, concentrez-vous sur la réussite d'une section après l'autre. Chaque section atteinte vous donne un sentiment d'accomplissement et renforce votre motivation pour aborder la suivante. Cette méthode rend non seulement la distance globale moins intimidante, mais améliore également votre capacité à maintenir votre concentration et à atteindre vos objectifs.

2. Stratégies Tactiques : Différents Intervalles de Vitesse

- Pour solliciter et entraîner de manière optimale votre corps et votre esprit, vous devez intégrer des stratégies tactiques dans votre course. Une méthode efficace consiste à alterner différents intervalles de vitesse.

- Par exemple, courez à une allure rapide pendant 1 minute, suivie de 2 minutes à un rythme modéré. Répétez ce cycle sur toute la distance. Ces intervalles de vitesse aident à varier votre fréquence cardiaque et à solliciter votre système cardiovasculaire tout en favorisant votre flexibilité mentale, car vous devez constamment vous adapter à des niveaux d'effort différents. Cette méthode renforce votre capacité à vous ajuster à des conditions changeantes – une compétence essentielle dans des situations tactiques.

3. Mantra Positif : Soutien Mental dans les Moments Difficiles

- Un autre outil puissant pour renforcer l'endurance mentale est le mantra positif. Développez un mantra court et motivant que vous pouvez répéter dans les moments difficiles.

- Ce mantra pourrait être : "Je suis fort et endurant" ou "Chaque pas me rapproche de mon objectif". Répétez ce mantra doucement à vous-même ou pensez-y lorsque vous ressentez de la fatigue et des doutes. Ces affirmations positives aident à chasser les pensées négatives et à retrouver votre concentration et votre détermination. Répéter un mantra dans des situations difficiles renforce également votre résilience mentale et favorise une attitude positive.

4. Gérer l'Épuisement : Techniques Mentales et Pleine Conscience

- L'épuisement est une partie inévitable de la course sur de longues distances, mais savoir le gérer correctement peut faire toute la différence. Développez des techniques mentales pour continuer même en période de fatigue physique.

- Une approche est la pleine conscience. Concentrez-vous consciemment sur votre respiration, prenez conscience de chaque inspiration et expiration, et restez dans le moment présent. Une respiration plus profonde et contrôlée peut améliorer l'apport en oxygène et réduire l'épuisement. Une autre astuce est de vous rappeler de vos motivations et objectifs. Visualisez une image de vous-même à l'arrivée ou pensez à la raison pour laquelle vous courez. Ces pensées positives vous aident à maintenir une attitude positive et à utiliser votre force mentale pour continuer à avancer.

5. Suivi et Réflexion : Amélioration Continue

- Après chaque course, prenez le temps de faire une réflexion rapide. Demandez-vous : Qu'est-ce qui s'est bien passé ? Où avez-vous rencontré des difficultés ? Qu'avez-vous appris pendant la course ?

- Notez vos pensées et vos découvertes dans un journal de course. Cette réflexion vous aide non seulement à suivre vos progrès, mais aussi à identifier des domaines spécifiques à améliorer. Par exemple, vous pouvez découvrir que vous devez améliorer votre respiration dans certains intervalles ou qu'un mantra particulier fonctionne particulièrement bien. Ce processus de révision continue et d'adaptation de vos stratégies améliore non seulement votre performance physique mais aussi vos capacités mentales.

- La réflexion et le suivi sont des éléments centraux pour tirer des leçons de chaque séance d'entraînement et pour améliorer vos capacités de manière constante. Cette approche systématique favorise à long terme à la fois votre endurance physique et votre résilience mentale.

COURIR COMME OUTIL POUR RENFORCER L'ENDURANCE MENTALE

La course à pied est bien plus qu'une forme d'exercice physique. C'est une plateforme pour développer la résilience mentale et les compétences tactiques. En fixant des objectifs, en vous préparant mentalement et en appliquant des stratégies spécifiques, les coureurs peuvent considérablement renforcer leur endurance mentale non seulement sur des distances courtes comme 5 km, mais aussi sur des distances plus longues de 8-10 km.

Ces compétences sont particulièrement précieuses dans des contextes exigeants où la capacité à fonctionner sous pression et à surmonter des défis physiques est cruciale. Commencez dès aujourd'hui à tester et à repousser vos limites mentales et physiques lors de votre prochaine course de 5 km ou de 8-10 km.

MONTÉES DE GENOUX (HIGH KNEES)

Les genoux hauts, ou course à genoux, est un exercice de réchauffement dynamique populaire qui active à la fois les muscles et le système cardiovasculaire, et améliore la coordination. Il est souvent utilisé dans les routines d'entraînement des coureurs, mais aussi dans divers programmes de fitness et sportifs. Les genoux hauts peuvent être effectués en tant qu'exercice autonome ou en tant que partie d'une séquence d'échauffement pour augmenter la température corporelle et préparer les muscles des jambes à des activités plus intenses.

Voici comment exécuter correctement les genoux hauts et ce qu'il faut prendre en compte :

- Position de base :
  Commencez dans une position debout avec les genoux légèrement fléchis et les pieds écartés de la largeur des hanches. Regardez droit devant et gardez le haut du corps droit. Gardez vos mains devant votre corps, les paumes tournées vers le haut. Cela servira de cible pour les genoux à monter.

- Mouvement :
  Commencez l'exercice en soulevant le genou droit et en essayant d'atteindre votre paume de main droite. Abaissez ensuite la jambe et passez immédiatement au genou gauche, qui est également tiré vers la paume de la main gauche. Le mouvement ressemble à une marche rapide sur place, mais les genoux sont clairement plus hauts.

- Rythme et intensité :
  Augmentez le rythme et sautez d'un pied à l'autre. L'intensité des genoux hauts peut varier en fonction de la vitesse et de la hauteur de la levée des genoux. Plus les genoux sont levés haut et rapidement, plus l'exercice est intense.

- Durée :
  Les genoux hauts peuvent être effectués soit en intervalle de temps (par exemple 30 secondes en continu) soit en nombre de répétitions par jambe. Commencez par de courts intervalles ou répétitions et augmentez progressivement la durée pour améliorer votre endurance.

Conseils pour une exécution correcte :
Concentrez-vous sur le fait de tirer activement les genoux vers le haut, plutôt que d'utiliser uniquement l'élan. Gardez le haut du corps stable pendant le mouvement ; évitez de vous pencher excessivement en avant. Atterrissez doucement sur la plante des pieds pour ménager vos articulations.

Les genoux hauts sont une excellente méthode pour réchauffer l'entraînement et préparer les muscles et les articulations aux stress à venir. Lorsqu'ils sont correctement exécutés, ils aident non seulement à augmenter votre fréquence cardiaque, mais aussi à améliorer la coordination et la flexibilité des muscles des jambes. Intégrez les genoux hauts à votre routine d'entraînement régulière pour enrichir votre programme de réchauffement et améliorer votre condition physique générale.

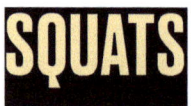

SQUATS

Les squats, également connus sous le nom de « squats », sont l'un des exercices les plus fondamentaux et efficaces pour la partie inférieure du corps. Lorsqu'ils sont effectués correctement, ils renforcent les muscles des jambes, les fessiers, les hanches et le tronc. De plus, ils favorisent la mobilité articulaire et peuvent améliorer le fonctionnement des tendons et des ligaments. En raison de leur grande valeur pour un entraînement de force global, les squats sont une composante essentielle de nombreux programmes de fitness. Pour tirer le meilleur parti de cet exercice et éviter les blessures, une exécution correcte est cruciale.

Instructions pour une exécution correcte des squats :

1. **Position :**
   Commencez en position debout, les pieds écartés à peu près à la largeur des épaules. Les orteils peuvent être légèrement orientés vers l'extérieur. Regardez droit devant vous et maintenez votre menton parallèle au sol pour garder le cou en position neutre.

2. **Début du mouvement :**
   Levez les bras devant vous pour maintenir l'équilibre ou

croisez-les sur votre poitrine. Vous pouvez également placer vos mains derrière la tête ou les laisser pendre le long du corps, selon ce qui est le plus confortable pour vous.

3. **Phase de descente :**
Inspirez et commencez à pousser les hanches vers l'arrière comme si vous alliez vous asseoir sur une chaise imaginaire. Pliez les genoux et abaissez lentement et contrôlez votre corps. Veillez à ce que les genoux restent parallèles aux pieds et ne dépassent pas les orteils.

4. **Profondeur du squat :**
La profondeur idéale d'un squat est atteinte lorsque les cuisses sont parallèles au sol. Certains peuvent aller plus bas, ce qui active davantage les muscles fessiers. Cependant, cela n'est recommandé que si vous avez une bonne mobilité et aucune douleur.

5. **Phase de montée :**
Appuyez fermement sur vos talons pour remonter votre corps en position initiale. Expirez pendant cette phase. Assurez-vous que votre dos reste en position neutre et ne se courbe pas.

6. **Répétitions :**
Effectuez les squats pour le nombre de répétitions souhaité. Veillez toujours à effectuer le mouvement avec un contrôle total et sans élan.

Conseils pour une exécution efficace des squats :

- Gardez votre tronc contracté et stable pour protéger le bas du dos.

- Évitez que les genoux ne bougent vers l'intérieur ou vers l'extérieur.

- Gardez les pieds à plat sur le sol et transférez le poids sur les talons pour activer les bons muscles.

Erreurs à éviter :

- Descendre trop rapidement, ce qui nuit au contrôle du mouvement et augmente le risque de blessure.

- Courber le dos, ce qui peut entraîner des tensions dans le bas du dos.

- Dépasser les genoux au-delà des orteils peut, à long terme, surcharger l'articulation du genou.

Que ce soit en exercice de poids corporel, avec des haltères ou dans une routine de powerlifting, les squats sont polyvalents et offrent de nombreux avantages pour la force, la flexibilité et le mouvement global.

POMPES

Les pompes sont parmi les exercices les plus éprouvés et les plus efficaces pour renforcer la force et la musculature du haut du corps. Non seulement les muscles de la poitrine, les triceps et les épaules sont renforcés, mais aussi les muscles du tronc bénéficient de cet exercice complet.

Voici les composants clés pour effectuer correctement des pompes :

- Position des mains et des bras :
  Placez vos mains à plat sur le sol, environ à la largeur des épaules. Les doigts doivent pointer vers l'avant ou être légèrement tournés vers l'extérieur pour soulager les poignets. Les bras doivent être complètement tendus au départ, les coudes ne devant pas être complètement verrouillés.

- Position du corps :
  Le corps entier devrait former une ligne droite, des talons à la tête. Évitez de surélever ou d'abaisser vos fesses, car cela peut entraîner une mauvaise posture. Les muscles abdominaux et fessiers doivent être contractés tout au long de l'exercice pour protéger le bas du dos et augmenter la stabilité du corps.

- Descente :
  Lorsque vous abaissez votre corps, les coudes doivent être légèrement dirigés vers l'arrière et rester près du corps, sans s'éloigner vers l'extérieur. Abaissez-vous jusqu'à ce que votre poitrine ou votre menton touche presque le sol.

- Montée :
  Poussez vigoureusement vers le haut jusqu'à ce que vos bras soient presque complètement étendus - veillez également à ne pas verrouiller complètement les coudes. Le mouvement doit être contrôlé et votre position corporelle doit rester droite.

Variantes : Vous pouvez inclure des variations pour cibler différents groupes musculaires ou augmenter l'intensité. Ces variations incluent les pompes étroites (pour les triceps), les pompes avec les jambes surélevées et les pompes explosives, où vous soulevez les mains du sol.

MOUNTAIN CLIMBERS

Les Mountain Climbers, également connus sous le nom de grimpeurs de montagne, sont un excellent exercice complet du corps mettant l'accent sur le cardio et les muscles abdominaux. Ils combinent les avantages d'une position de planche avec le mouvement des jambes, ce qui renforce non seulement les muscles du tronc, mais augmente également la fréquence cardiaque et améliore l'endurance.

Voici comment faire correctement des Mountain Climbers:

- Position de départ:
  Commencez en position de planche avec les mains fermement ancrées au sol, environ à largeur d'épaules. Vos bras sont tendus, et votre corps forme une ligne droite des talons à la tête.

- Mouvement des grimpeurs de montagne:
  Ramenez le genou droit vers votre poitrine, sans que les hanches ne montent. Maintenez fermement et stabilité dans votre tronc.

- Retour à la position de départ:
  Revenez rapidement à la position de départ en étirant la jambe droite et en ramenant en même temps le genou gauche vers votre poitrine.

- Répétition alternée:
  Continuez à ramener rapidement et alternativement les jambes, similaire à une course sur place. Imaginez que vous escaladez une montagne, d'où le nom de Mountain Climbers.

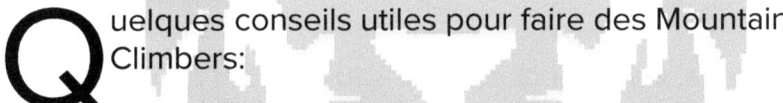

Quelques conseils utiles pour faire des Mountain Climbers:

- Gardez votre dos droit tout au long de l'exercice et évitez de lever ou d'abaisser les hanches. Votre corps doit rester droit.

- Concentrez-vous sur le maintien de vos abdominaux contractés tout au long du mouvement pour renforcer et protéger le tronc.

- Adaptez le rythme à vos objectifs de remise en forme : un rythme plus rapide augmentera la fréquence cardiaque pour un entraînement cardiovasculaire plus intense, tandis qu'un rythme plus lent mettra davantage l'accent sur le renforcement des muscles du tronc.

- Pour augmenter la difficulté, vous pouvez placer vos pieds sur des coussins de glissement ou dans des sangles TRX.

Les Mountain Climbers sont un exercice polyvalent qui s'intègre parfaitement dans les entraînements HIIT (entraînement par intervalles de haute intensité) ou les programmes d'entraînement en circuit, et qui peut améliorer à la fois la condition aérobie et anaérobie.

PLANCHE

La planche, également connue sous le nom de gainage, est un exercice isométrique efficace qui vise à renforcer les muscles du tronc. C'est l'un des exercices les plus simples et pourtant les plus exigeants, qui peut être intégré dans presque tous les programmes de fitness. En renforçant les muscles abdominaux, le bas du dos et les épaules, la planche améliore non seulement la posture, mais soutient également la force fonctionnelle nécessaire pour les activités quotidiennes et les autres mouvements sportifs. Pour profiter de ces avantages, il est important de réaliser la planche correctement.

Comment exécuter correctement une planche :

1. **Position de départ :**
   Commencez à quatre pattes et placez vos coudes directement sous vos épaules. Les avant-bras reposent à plat sur le sol et les mains peuvent être serrées en poings, posées à plat sur le sol ou entrelacées – choisissez la position qui vous est la plus confortable.

2. **Alignement du corps :**
   Étendez vos jambes vers l'arrière et soulevez vos hanches de sorte que votre corps forme une ligne droite des épaules aux talons. Évitez de laisser le bas du dos s'affaisser ou de trop relever les fesses, car ces deux positions réduisent l'efficacité de l'exercice et peuvent entraîner des blessures.

3. **Tension corporelle :**
   Activez l'ensemble de votre tronc en contractant vos muscles abdominaux, comme si vous vous prépariez à recevoir un coup de poing dans le ventre. Gardez également vos fessiers et vos muscles des cuisses tendus. La tension au niveau du tronc aide à stabiliser le bassin et à protéger le bas du dos.

4. **Direction du regard et position du cou :**
   Maintenez votre cou en position neutre en regardant vers le bas, créant ainsi un prolongement de votre colonne vertébrale. Évitez de lever ou de baisser la tête pour prévenir les tensions dans le cou.

5. **Respiration :**
   Respirez de manière régulière et profonde. Une respiration

contrôlée soutient la tension corporelle et permet de maintenir la position de la planche plus longtemps.

6. **Durée :**
Maintenez la position pendant le temps imparti, généralement entre 20 secondes et plusieurs minutes, en fonction de votre niveau de forme physique. Veillez surtout à conserver une forme correcte pendant toute la durée, plutôt que de prolonger le temps au détriment de la technique.

7. **Variations** :

- Planche avec les genoux au sol.

- Planche latérale.

- Planche avec mouvements des bras et des jambes.

- Planche surélevée avec les mains sur un ballon de gymnastique pour rendre l'exercice plus difficile.

Erreurs à éviter :

- **Hanches trop hautes ou trop basses :** Cela réduit la charge sur le tronc et peut provoquer des douleurs dorsales.

- **Dos creux :** Évitez de laisser le dos s'affaisser en contractant fermement les muscles abdominaux.

- **Cou tendu :** Gardez le cou neutre, sans baisser la tête ni regarder vers le haut.

Une planche bien exécutée favorise la force et la stabilité du corps entier. Intégrez régulièrement cet exercice efficace dans votre programme d'entraînement et augmentez progressivement la durée pour renforcer visiblement vos muscles abdominaux et améliorer vos performances globales.

Le yoga est une pratique merveilleuse qui harmonise le corps et l'esprit, conduisant à un meilleur bien-être et à une balance intérieure. Voici quelques exercices de yoga légers.

TADASANA (POSTURE DE LA MONTAGNE)

Avantages :

- Amélioration de la posture
- Renforcement des jambes
- Promotion de l'équilibre et de la concentration

Exécution :

1. Tenez-vous debout, les pieds écartés de la largeur des hanches. Répartissez équitablement le poids sur les deux pieds.

2. Contractez légèrement les cuisses et soulevez les rotules sans trop tendre les jambes.

3. Abaissez légèrement le coccyx et rapprochez doucement le nombril de la colonne vertébrale.

4. Les bras pendent le long du corps, les paumes tournées vers l'intérieur.

5. Étirez la colonne vertébrale et sentez-vous grandir des talons jusqu'au sommet de la tête.

6. Gardez le regard droit devant vous et respirez profondément et calmement.

BALASANA (POSTURE DE L'ENFANT)

Avantages :

- Étirement du bas du dos, des hanches et des cuisses

- Apaisement de l'esprit

- Réduction du stress et de la fatigue

Exécution :

1. Commencez à genoux, les gros orteils se touchent et les genoux sont écartés.

2. Abaissez vos hanches sur vos talons et posez doucement votre front sur le sol.

3. Étirez les bras devant vous ou reposez-les le long du corps, les paumes vers le haut.

4. Respirez profondément et détendez-vous dans cette position pendant au moins 30 secondes.

ADHO MUKHA SVANASANA (POSTURE DU CHIEN TÊTE EN BAS)

Avantages :

- Renforcement des bras, des épaules et des jambes
- Étirement du dos et de la partie arrière des jambes
- Amélioration de la circulation sanguine

Exécution :

1. Commencez à quatre pattes, les mains à la largeur des épaules et les genoux à la largeur des hanches.

2. Écartez bien les doigts et appuyez fermement les paumes sur le sol.

3. Soulevez les genoux du sol et étirez les jambes de manière à ce que les hanches soient tirées vers le haut et vers l'arrière.

4. Laissez la tête pendre entre les bras et regardez vers les genoux ou le nombril.

5. Étirez la colonne vertébrale et appuyez légèrement les talons vers le sol (ils n'ont pas besoin de toucher le sol).

6. Maintenez cette position pendant 5 à 10 respirations profondes.

BHUJANGASANA (POSTURE DU COBRA)

Avantages :

- Renforcement des muscles du dos

- Étirement de la poitrine et de la colonne vertébrale

- Réduction des tensions dans le haut du dos et la nuque

Exécution :

1. Allongez-vous à plat sur le ventre, les jambes tendues et les pieds à plat sur le sol.

2. Placez les mains sous les épaules, les coudes près du corps.

3. Appuyez les paumes sur le sol et, en inspirant, soulevez doucement le haut du corps jusqu'au nombril.

4. Gardez les épaules détendues et éloignées des oreilles, et levez la poitrine sans soulever les hanches du sol.

5. Regardez légèrement vers l'avant ou vers le haut et maintenez la position pendant 5 à 10 respirations.

6. Abaissez le haut du corps en expirant.

VIPARITA KARANI (LES JAMBES CONTRE LE MUR)

Avantages :

- Réduction de la fatigue dans les jambes et les pieds
- Promotion de la circulation sanguine
- Relaxation et réduction du stress

Exécution :

1. Asseyez-vous de côté contre un mur, suffisamment proche pour que votre hanche touche le mur.

2. Balancez les jambes vers le haut et, en même temps, allongez-vous sur le dos de manière à ce que vos jambes soient verticales contre le mur.

3. Vos hanches peuvent toucher légèrement le mur ou être un peu éloignées (selon votre flexibilité).

4. Les bras reposent le long du corps, les paumes tournées vers le haut.

5. Fermez les yeux et respirez profondément et calmement.

6. Restez dans cette position pendant au moins 5 minutes et détendez-vous complètement.

SHAVASANA (POSTURE DU CADAVRE)

Avantages :

- Relaxation profonde
- Apaisement du système nerveux
- Réduction du stress et des tensions

Exécution :

1. Allongez-vous à plat sur le dos, les jambes légèrement écartées, les pointes de pied tombant vers l'extérieur.
2. Les bras reposent le long du corps, les paumes tournées vers le haut.
3. Fermez les yeux et respirez profondément et calmement.
4. Détendez consciemment chaque partie du corps, des orteils jusqu'au sommet de la tête.
5. Restez dans cette position pendant au moins 5 à 10 minutes et appréciez le calme.

   Conclusion : Ces exercices de yoga légers offrent une base solide. En les pratiquant régulièrement, vous pouvez améliorer votre flexibilité, votre force et votre relaxation. Veillez toujours à exécuter les exercices lentement et de manière contrôlée.

NAMASTE!

PARTAGEZ VOS EXPÉRIENCES AVEC NOUS ET FAITES PARTIE DE LA COMMUNAUTÉ MMW !

À PROPOS DE L'AUTEUR

Auteur: Alain Biankeu, Mighty Mind Warrior

Laissez-vous inspirer par ce livre exceptionnel. L'auteur, connu pour sa vision optimiste de la vie, nous montre comment profiter de chaque jour avec confiance et joie. Le succès ne vient pas par hasard, il le sait trop bien. Avec la devise « Rien ne vient de rien » et une détermination inébranlable, il a prouvé que l'on peut atteindre ses objectifs grâce à un travail acharné et à la persévérance.

Ce livre transmet des principes et des stratégies précieux pour l'entraînement physique et la forme, que chacun peut appliquer, quelles que soient ses conditions de départ. Il montre qu'il y a toujours de la place pour la croissance personnelle et l'amélioration, et encourage à ne jamais cesser de travailler sur soi-même. La simplicité et l'appréciation des petits plaisirs de la vie, que l'auteur incarne, rendent ses réflexions particulièrement accessibles et motivantes.

Avec une ambition infatigable et la volonté d'accepter constamment de nouveaux défis, l'auteur inspire à atteindre des performances optimales dans l'entraînement et à améliorer sa forme physique individuelle. Ce livre est un guide précieux pour tous ceux qui cherchent une vie plus saine, plus équilibrée et plus en forme.

Découvrez comment, grâce à une attitude positive, un travail acharné et une ambition insatiable, vous pouvez déployer tout votre potentiel physique. Laissez-vous enthousiasmer par cette œuvre et trouvez votre propre plaisir dans l'entraînement et un mode de vie en forme !